AF385280

MÉMOIRE

DU SIEUR D'ACHER,

Auteur de l'Eau Stomachique fondante & anti-dartreuse :

En réponse aux Lettres du sieur C A D E T, Apothicaire, dans le *Journal de Paris*, des 24 Août & 5 Novembre 1783.

Ce Mémoire intéressant pour l'humanité, présente les moyens faciles de reconnoître, par une expérience peu coûteuse, & à portée de tout le monde, la présence du *sublimé corrosif* dans un liquide quelconque. On y expose en même temps le danger évident de l'usage de ce sel meurtrier, d'après les observations des Médecins les plus célebres, & l'avis des plus habiles Praticiens de cette Capitale.

Calumniatores veritate refutandi.

MÉMOIRE

POUR le Sieur FRANÇOIS D'ACHER, Auteur des Eaux ſtomachiques fondantes & dépuratives, Demandeur.

CONTRE le Sieur CADET, Apothicaire, Défendeur.

LE Sieur Cadet eſt-il réellement en droit, comme il le prétend, de diſpoſer de la réputation & de l'honneur de ſes Concitoyens? Peut-il diſtribuer, comme ſes drogues, le blâme ou l'éloge à ſon gré dans une Feuille volante qui paroît tous les jours ſous ſes auſpices & ceux de ſon frere, & où l'on n'admet aucune réplique de la part de ceux qu'ils attaquent, ou qu'ils calomnient? Peut-il enfin qualifier aujourd'hui de poiſon, un Remede doux & ſtomachique, qu'il avoit lui-même analyſé & reconnu pour une découverte utile? Telles ſont les queſtions qui ſe préſentent à juger dans cette cauſe ſinguliere ; elle eſt digne, ſous différens rapports, de l'attention du Public ; puiſqu'il s'agit, d'une part, d'un Remede très-répandu, qui eſt en même temps un préſervatif aſſuré d'un grand nombre de maladies: & que, d'un autre côté, il importe de ſavoir, ſi l'on peut impunément calomnier, dans un *Journal*, comme dans les *Affiches dont il eſt le ſupplément*, & répandre dans toute la France des impreſſions ſiniſtres contre les plus

A

honnêtes Citoyens ? N'est-ce pas un abus auquel il importe de remédier, puisque tel qui rit aujourd'hui de la licence de ces Journalistes, peut en être demain la victime, s'il a le malheur de déplaire à MM. Cadet, ou à quelqu'un de leur Compagnie.

Le sieur D'Acher, convaincu depuis long-tems, qu'une des principales causes du peu de progrès dans l'art de guérir, vient de l'habitude où sont les Praticiens, de ne traiter que les maladies locales déclarées, sans remonter aux causes dont elles sont les effets, fût conduit naturellement, par une suite de cette idée, à étudier l'Influence de l'estomac sur toutes les opérations de l'économie animale. Il ne lui fut pas difficile de reconnoître, que la plûpart des maladies dépendent du dérangement des fonctions de ce viscère; & il s'appliqua en conséquence à la recherche d'un remède propre à rétablir les fonctions de l'estomac, & à le débarrasser des mauvais levains qui alterent tellement les sucs gastriques, que la digestion est toujours mauvaise; d'où naît, de l'aveu des plus habiles Médecins, une foule de maladies, sur-tout de celles qu'on nomme *Chroniques*.

Les autres maladies qu'on distingue sous le nom d'*Aiguës*, ne doivent être considérées, que comme des crises passageres, à l'aide desquelles la nature se débarrasse, presque toute seule, de ce qui l'oppresse; voilà pourquoi, dans ce dernier cas, la Médecine *pacifique & expectante* est toujours salutaire, lorsqu'elle ne trouble pas, par des remèdes, le cours de la maladie.

Il n'en est pas ainsi des maladies *chroniques*; presque toutes sont dépendantes du mauvais état des premieres voies, & du dérangement des fonctions du principal organe de la santé. C'est alors qu'il faut employer des remedes, & recourir à la Médecine *agissante*.

Les gens de l'art, entiérement occupés de la *cause prochaine*, négligent absolument, comme on l'a dit plus haut, la *cause primitive du mal*, c'est-à-dire, le mauvais état de l'estomac, & des premieres voies. Le sieur D'Acher est venu à bout, après plusieurs tentatives, de composer un Remede propre à réparer parfaitement les délabremens de l'eftomac. Ce Reméde confifte dans une Eau ftomachique, qui eft en même tems fondante & dépurative. Cette Eau, qui eft limpide & fans goût défagréable, tient lieu de tout autre reméde en plufieurs cas : & dans d'autres, elle n'eft que la bafe du traitement, en lui affociant des fecours convenables pour feconder fon activité. On n'a point pour but, quant à préfent, de défendre l'efficacité de ce remede, ni de détailler les cas auxquels on peut l'approprier avec fuccès pour fe garantir des infirmités habituelles, dont la vie & la fanté font prefque affiégées de toutes parts.

D'ailleurs, ce Remede eft connu d'un grand nombre de Citoyens de toutes les claffes, qui en font ufage fous la foi publique, & par les confeils de plufieurs favans Médecins. Plufieurs perfonnes même le prennent en fanté comme fimple préfervatif, ou comme ftomachique, & s'en trouvent bien. Le fieur Cadet, qui defireroit bien fans doute, être auteur ou dépofitaire d'un pareil reméde, dont la réputation eft faite & garantie par le fuccès le plus conftant, vient aujourd'hui troubler la longue poffeffion du fieur D'Acher, & affurer que *ce ftomachique contient du fublimé corrofif à grande dofe*, dans la vue d'imprimer la terreur dans l'efprit de ceux qui en font ufage. C'eft cette *longue poffeffion* que le fieur D'Acher réclame aujourd'hui, en demandant au fieur Cadet, de quel droit il veut à préfent convertir en poifon un reméde qu'il a approuvé lui-même, & confeillé, ainfi que M. Parmentier fon Confrere ? de quelle autorité il a fait en fecret une feconde, une troifieme analyfe, toutes contradictoires, pour décrier ce même Reméde, après avoir figné & certifié le contraire dans une premiere analyfe ?

F A I T S.

Les motifs qu'on vient d'expofer dans le préambule de cette caufe, ayant procuré au fieur D'Acher la découverte d'une Eau ftomachique fondante & dépurative, dont l'ufage & l'expérience confirmoient le fuccès ; il commença d'en

A ij

d'ſtribuer *gratis*, dans les Hôpitaux de Perpignan, & de Montpellier ; enſuite dans cette Capitale. Il a toujours continué de le faire depuis, à l'égard des pauvres ; dans la perſuaſion où il eſt, qu'un des premiers devoirs de l'art de guérir, eſt de procurer des ſecours gratuits à l'humanité ſouffrante, & hors d'état de les payer.

Les bons effets de ces Eaux ayant été reconnus par l'uſage, feu M. le Duc de la Vrilliere recommanda au ſieur D'Acher un malade pour lequel il s'intéreſſoit, & que les Médecins avoient abandonné. Après la cure, le Miniſtre dit au ſieur D'Acher, que lorſqu'on avoit un bon reméde il falloit le faire payer, ou le vendre au Gouvernement. Il répondit à ce Miniſtre, que ce ſeroit un moyen infailli-ble de le faire décrier par les Médecins, Chirurgiens & Apothicaires, toujours indiſpoſés & prévenus contre ces remédes généraux, ces ſpécifiques propres à diminuer la ſomme de nos maux, en remontant à leur cauſe ; au lieu qu'ils ne pouvoient empêcher ni l'Auteur de les diſtribuer *gratis*, ni ceux qui y avoient confiance d'en faire uſage.

Ce fut alors que le Miniſtre, convaincu de cette vérité, chargea un de ſes premiers Commis, qui avoit fait uſage de ces Eaux, & qui en avoit éprouvé l'efficacité, de faire expédier un brevet de Sa Majeſté à l'Auteur de la décou-verte.

Malgré ces titres, qui autoriſoient le ſieur D'Acher à mettre un prix à ſes Eaux, à en établir des dépôts à Paris & dans les Provinces, il continua de les donner avec ſes ſoins, tant aux riches qu'aux pauvres, avec le même déſin-téreſſement ; & ce ne fut qu'après quatre ou cinq ans, que les perſonnes qui s'en étoient bien trouvées, & qui deſiroient en continuer l'uſage, forcerent le ſieur D'Acher à y fixer un prix, pour les mettre à leur aiſe ſur l'article de la reconnoiſſance qu'ils croyoient lui devoir. M. de Rouſ-ſieres, Chevalier de Saint-Louis, Intendant des Armées de Mahon & de Gibraltar, alors Commiſſaire-Ordonnateur au département de Paris, crût devoir le fixer. Le ſieur D'Acher le recevoit de ceux qui conſentoient à le payer, les donnant toujours *gratis* aux pauvres, auxquels il continuoit ses soins jusqu'à parfaite guérison.

Le sieur Cadet, Apothicaire de Madame la Marquise de Mesnars, qui faisoit usage des Eaux stomachiques, étant venu voir cette Dame, auprès de laquelle étoit le sieur D'Acher, qu'il ne connoissoit point, Madame de Mesnars demanda à son Apothicaire, s'il étoit instruit des propriétés de l'*Eau d'Acher*, dont elle faisoit usage. Le sieur Cadet en fit le plus grand éloge, en ajoutant que c'étoit en connoissance de cause, puisqu'il en avoit analysé & decomposé nombre de bouteilles, que plusieurs Dames lui avoient adressées à cet effet. Madame de Mesnars lui ayant présenté le sieur D'Acher comme auteur, il l'en félicita : *& sur l'invitation que lui fit le sieur D'Acher, de lui donner attestation conforme à ce qu'il venoit d'avancer,* le sieur Cadet écrivit dès le lendemain au sieur D'Acher, une lettre conforme, dans laquelle il fait l'éloge de ces Eaux. C'est sur ce témoignage, que la Police permit au sieur D'Acher, de le citer dans l'instruction qu'il répandit alors. Ce n'est pas là, sans doute, un certificat mendié, puisqu'il a été donné par le sieur Cadet, *proprio motu,* & en connoissance de cause, après plusieurs analyses préalables. Le sieur Cadet ne contestera point cette lettre, puisqu'il en donne lui-même la copie.

Le sieur D'Acher s'est toujours comporté avec tant de bonne-foi, sur l'effet & l'usage de ses Eaux, qu'il ne craignit point d'en confier la composition à M. Poissonnier, Inspecteur-général des Hôpitaux de la Marine ; & ce pour corroborer les témoignages avantageux du sieur Cadet, comme Apothicaire, par ceux d'un habile Médecin. En effet, M. Poissonnier approuva cette découverte, & promit au sieur D'Acher, d'en parler à la Société Royale de Médecine, qui venoit d'être établie, ce qu'il effectua ; & c'est par son conseil que le sieur D'Acher communiqua la composition de ses Eaux à la Société Royale, qui nomma pour Commissaires MM. Andry & Tourette, auxquels il délivra, sur les cures opérées par ses Eaux, des lettres & certificats qu'ils ont encore.

M. Tourette l'un des Commiſſaires, après la connoiſſance qu'il eut de la compoſition de ces Eaux, obſerva au ſieur D'Acher, que la Société avoit propoſé un prix de ſix cents livres, ſur un ſemblable problême, & qu'il feroit bien d'y concourir; mais le ſieur D'Acher lui répondit, qu'il préféroit la ſatisfaction d'employer ſa découverte à faire le bien de l'humanité. Il demanda à MM. les Commiſſaires, de lui indiquer des malades, & principalement des perſonnes attaquées de dartres, pour les traiter ſous leurs yeux; il leur offrit même de ſes Eaux, pour les traiter eux-mêmes. Cette demande honnête n'ayant pas été accueillie, le ſieur D'Acher ſe reſtreignit à les inviter de venir voir chez lui trois enfans d'un Médecin, affligés depuis dix ans de la teigne, auxquels on avoit fait ſans ſuccès tous les remedes connus; ces Meſſieurs ſe rendirent à cette invitation. Il les conduiſit quelques jours, après chez M. Leblanc, affligé de dartres, qu'ils qualifierent de *rongeantes*, & dont les deux enfans avoient des glandes au cou, qu'ils caractériſerent *d'humeurs froides*, ainſi que Madame Leblanc, leur mere, qui avoit l'eſtomac très-dérangé. Le ſieur D'Acher invita MM. les Commiſſaires, & M. Poiſſonnier-Deſperrieres, qui les avoit accompagnés, à ſuivre le traitement & la cure de ces malades. Après la cure complette, il les pria de nouveau de les viſiter, pour rendre compte de leur état à la Société de Médecine; & leur envoya dans le même deſſein d'autres malades, avant & après la cure: mais ces MM. ſe ſont rejettés ſur leurs occupations, qui ne leur permettoient pas d'en rendre un compte exact & détaillé. ✱

Dans cet intervalle, l'efficacité des Eaux du ſieur D'Acher, non ſeulement pour les dartres, mais encore pour la fievre putride & maligne, & pour la dyſſenterie, étant parvenue juſqu'au Miniſtre de la Marine, dans un temps où l'eſcadre de Breſt étoit victime de cette maladie, contre laquelle toute la Médecine employoit vainement toutes ſes reſſources

---

✱ La véritable cauſe de ce refus, ainſi qu'on le verra ci-après, étoit que le Sr d'Acher n'avoit pas l'honneur d'être Membre de la Société Royale de Médecine.

ordinaires; il chargea le sieur D'Acher d'y porter de nouveaux secours, & il écrivit à M. Poissonnier, Inspecteur des Hôpitaux, déjà instruit de la composition de ces Eaux, de lui confier une trentaine de malades, qu'il traiteroit sous ses yeux, & sous ceux des Médecins de l'escadre.

Lors de l'arrivée du sieur D'Acher à Brest, les Médecins lui offrirent, en effet, trente malades du nombre de ceux qui ne laissoient plus aucun espoir; en ajoutant que tous ceux qui en échapperoient, lui devroient la vie. Le sieur D'Acher accepta ce parti, soutenu par l'espoir d'en sauver au moins quelques-uns ; & on promit de les lui confier le lendemain : mais on insinua sans doute à M. l'Intendant de la Marine, qui avoit d'abord paru approuver cet essai, de s'y opposer, sous prétexte que le sieur D'Acher *n'étoit pas Médecin*, comme si ce titre faisoit le Docteur. *Le vrai Médecin, est celui qui a l'art de guérir.*

Trois jours après ce refus, M. Bruslé, un des Médecins de l'escadre, offrit au sieur D'Acher de voir un Officier, attaqué d'une fievre putride & maligne, qui étoit à son dixieme jour, & qu'il avoit abandonné. Le sieur D'Acher s'y rendit avec le Médecin ; il trouva un homme mourant, qui avoit le râle, les yeux éteints, la langue & la bouche noires, le ventre enflé & tendu, les jambes & les cuisses également enflées, toutes les fonctions supprimées, & il observa au sieur Bruslé, qu'il n'avoit pas le don de ressusciter les morts. Ce Médecin dit au sieur D'Acher, que ce seroit ainsi qu'on les lui donneroit à l'Hôpital; qu'on ne pourroit, au surplus, lui rien imputer, & que plus le mal étoit grand, plus la cure seroit merveilleuse. Le sieur D'Acher se décida enfin à l'entreprendre ; il fit boire au moribond une once & demie d'élixir dans une caraffe de limonade, & recommanda à la garde, dès que la bouteille seroit finie, d'en aller chercher une autre, & d'y mettre la même dose d'élixir : le sieur D'Acher ayant laissé la bouteille au sieur Bruslé pour la lui faire administrer. La garde ne lui épargna point en effet cette boisson, & lui en fit prendre pendant la nuit environ trois pintes, qui lui procurerent une sueur abondante, & qui rétablirent le cours

des urines fupprimées. Le fieur D'Acher fe rendit le lendemain chez le malade avec le Médecin, qui trouva la fievre
diminuée, & le malade plus tranquille. Il lui fit donner un
lavement purgatif, & en quatre jours le malade, en fuivant
le même régime, fut hors d'affaire, & fe leva. D'après cette
épreuve, dont ledit fieur Bruflé rendit compte avec eton-
nement à M. Poiffonnier, il fut décidé qu'on donneroit de
ces Eaux aux malades des Hôpitaux, & le fieur D'Acher fut
invité d'en préparer une grande quantité ; ce qu'ayant fait,
il fut appellé à une affemblée des Médecins de l'Efcadre, pour
s'expliquer fur la maniere d'adminiftrer fes Eaux. Il dit
qu'il fuffifoit de mettre une once d'élixir par pinte de ti-
fane, & de recommander aux infirmiers, d'en faire boire
aux malades le plus qu'ils pourroient : fur quoi, un des
Docteurs dit avec le ton d'humeur, qu'avec un pareil traitement, le Roi n'avoit pas befoin de fes Médecins. Le fieur
D'Acher répondit modeftement, que c'étoit ainfi qu'il guérif-
foit, & fe retira.

Il fut voir le lendemain M. Poiffonnier, qui lui témoigna
de la peine de ce qui s'étoit paffé ; en ajoutant qu'on ne
pouvoit pas faire toujours le bien qu'on défiroit ; il le pria
d'en envoyer plufieurs bouteilles à l'apothicairerie ; ce que
le fieur D'Acher exécuta, fans en avoir jamais reçu le prix,
& fans favoir fi les Médecins les ont employées.

Le Médecin de l'Efcadre Efpagnole, qui étoit auffi à
Breft, fachant que l'expérience l'emportoit fur tous les
vains raifonnemens, en fit l'épreuve avec fuccès, &
tira d'affaire tous fes malades par l'ufage des Eaux
ftomachiques : en effet, il employa plus de mille bouteilles, & il écrivit au fieur D'Acher fur les avantages
qu'il tiroit de fes Eaux. Le fieur D'Acher a confié
plufieurs de ces lettres à M. Tourette, l'un des Commiffaires nommés par la Société Royale ; ainfi il ne craint pas
d'être démenti fur aucun des faits par lui avancés. Avant
fon départ de Breft, il eût encore la fatisfaction de voir
plufieurs cures opérées par l'ufage de fes Eaux, dont plufieurs Officiers de Marine s'étoient pourvus, fans que le

fieur

fieur D'Acher voulut recevoir le prix, tant pour eux que pour
leurs confreres malades, qui ont été guéris ; en forte que
fa miffion ordonnée par le Gouvernement, ne fut pas
à beaucoup près, infructueufe aux malades guéris gratuitement.

Aprés des cures de cette efpece, & une infinité d'autres
dans les cas les plus défefperés faites fous les yeux des Médecins eux-mêmes, le fieur D'Acher devoit compter fur l'approbation la plus expreffe de la Société royale, à qui il
avoit dévoilé le fecret de fa compofition, ainfi qu'à
M. Poiffonnier ; démarche honnête, qui le juftifie de char-
latanifme, & qui fert en même-temps à prouver que fon
Remede ne contient, & ne peut contenir aucune drogue
nuifible : mais MM. les Commiffaires affurerent le fieur
D'Acher, qu'ils n'avoient pas eu le temps de s'en occuper, ni
d'en faire leur rapport. Qu'on juge après cela de fa furprife, lorfqu'il lût dans le Mercure l'annonce de la Société,
portant : *Qu'ayant entendu dans fa Séance du dix-fept Mai
1782, le rapport de fes Commiffaires fur l'Eau ftomachique
& dépurative du fieur D'Acher, elle a penfé qu'elle ne méritoit
pas fon approbation.*

La curiofité engagea le fieur D'Acher à aller demander
l'explication de cette annonce à M. Vicq-d'Azyr, Secrétaire
de la Société royale ; il eut l'honnêteté de répondre, que
les Commiffaires n'avoient pu que rendre un témoignage
avantageux de fes Eaux, d'après les cures qu'il leur a
fait voir ; que ces Eaux étoient très-bonnes, que la Société
les reconnoiffoit pour telles : mais que ce qui l'avoit em-
pêchée d'accorder *une approbation expreffe*, c'eft qu'un Médecin leur confrere, avoit communiqué le même fecret à
la Société, & l'avoit affurée avoir fait les mêmes cures ;
qu'elle ne pouvoit par conféquent approuver, ni faire
acheter par le Gouvernement un remede déjà approuvé, &
qui n'étoit plus nouveau pour elle.

Le fieur D'Acher auroit pu répondre, que cette commu-
nication de fa recette par un Médecin, étoit un peu
tardive, & poftérieure à la compofition de fes Eaux, qu'il

avoit donné lui-même à la Société , &c ; mais son respect
pour ce savant Corps lui ferma la bouche. M. Vicq-d'Azyr
lui ajouta , qu'il reconnoissoit tellement la bonté de ses Eaux,
qu'il les avoit conseillées à Madame Gauthier , femme du
premier Secrétaire de l'Intendance de Châlons , qui avoit
été le consulter. Le sieur D'Acher fut s'informer de ce fait
auprès de cette Dame, qui le lui assura.

Voilà donc les Eaux stomachiques anti-dartreuses du
sieur D'Acher , munies de l'approbation & de la sanction
de la Société royale, en faveur d'un Médecin , qui , dit-on,
a communiqué la même recette. Mais qu'importe à qui
appartienne la découverte? la composition de ces Eaux étant
la même que celle du sieur D'Acher ; il ne s'agit ici que de
leur salubrité & de leur efficacité. Le sieur Cadet ne pourra
pas dire en ce cas, que les Eaux approuvées par la Société
royale , & conseillées par ses Membres , contiennent du
sublimé corrosif. Les Eaux du sieur D'Acher , qui en est
l'inventeur , & qui a communiqué sa recette à la Société,
ont toujours été & font les mêmes que celles dont M.
Vicq-d'Azyr a conseillé l'usage à Madame Gauthier. Elles
font connues , & fans suspicion , puisqu'un grand nombre
de Médecins les ordonnent à leurs Malades , même pour
les maladies de poitrine. M. Seiffen , un des célebres Médecins de cette Capitale , qui l'est de Monseigneur le Duc
de Chartres , les a ordonnées , pour cette même maladie ,
à une Dame qui avoit l'estomac si dérangé , que tous les
remedes connus n'avoient pu lui faire rien digérer ; l'effet
qu'elles ont produit sur la malade a surpassé son attente. Le sieur
D'Acher ne lui en a pas laissé ignorer la composition , qu'il
a trouvée très-bonne ; il peut dire si elles contiennent du
sublimé , ou non. On voit d'ailleurs , dans la brochure
que le sieur D'Acher vient de donner au Public , que
plusieurs personnes en ont fait usage avec succès.

C'est cet Ouvrage *in-8.°* , imprimé cette année, que le sieur
Cadet auroit dû lire , il y auroit vu que le sieur D'Acher
donne avec succès l'Elixir pur, pour les accidens d'apoplexie:
(ce qui est une preuve fans replique, qu'il n'y entre point de

sublimé) & s'il l'avoit bien compris, il auroit vu que la distinc-
tion dont il se targue dans ses défenses., entre un Apothicaire tel que lui, qui a trouvé le secret d'entrer dans
l'Académie des Sciences, & le sieur D'A'cher, qui a trouvé le
secret des Eaux stomachiques, n'est pas si énorme que sa
vanité le lui persuade, & que s'il y a de la différence, elle
peut-être appréciée. Que le sieur Cadet se vante de ses découvertes dans la Chimie; ceux qui ne le connoissent pas,
pourront le croire : quant au sieur D'Acher, il n'avance
que des faits authentiques, & jugés tous à son avantage.

Indépendamment de ses Eaux, le sieur D'Acher, instruit des
difficultés qu'il y a sur mer de se procurer de la viande
fraîche pour faire des bouillons aux malades, s'est occupé
de la composition d'une poudre alimentaire, qui puisse y
suppléer, & qui pût en même-temps servir de nourriture
pour les convalescents : y étant parvenu, il en fit
part à M. de Sartine, alors Ministre de la Marine, qui,
ne cherchant que le bien & l'économie, voulut goûter
lui-même les bouillons faits avec cette poudre. Ce Ministre les ayant trouvés bons, renvoya le sieur D'Acher
à M. Poissonnier, qui, d'après un semblable essai, les
adopta, & les ordonna pour les équipages des vaisseaux.
M. Parmentier en fait l'éloge dans son livre intitulé, *Re-
cherches sur les Végétaux nourrissants*, &c. il les trouve bien
plus sains & plus salutaires pour les malades, que ceux
faits avec les tablettes de bouillon, qui coûtent fort
cher, au lieu que ceux du sieur D'Acher ne reviennent au Roi
qu'à un sol. Les pauvres y trouvent également l'avantage de
l'économie. Toutes ces découvertes donnoient certainement
un titre au sieur D'Acher, pour oser prétendre aux bienfaits
que notre auguste Monarque accorde à ceux qui en font d'utiles : mais le bien de l'humanité que le sieur D'Acher a toujours
eu en vue, lui a fait totalement oublier ses intérêts; ce sont
des faits connus, ceux du sieur Cadet sont encore ignorés. Le
sieur D'Acher pourroit en citer d'autres non moins utiles à l'E-
tat & au Gouvernement; il pourroit y joindre le témoignage
infini de personnes de la première considération, qui ont

fait ufage de fes Eaux avec fuccès; mais il ne veut pas
écrafer le fieur Cadet de tant d'autorités.

C'eft dans ces circonftances que le fieur Cadet, mefufant
d'un privilege accordé à fon frere, s'eft avifé d'inférer dans le
n.º 219 du Journal de Paris, du 7 Août 1783, une lettre où il
fe plaint « de ce qu'on abufe des noms auffi refpectables,
» que ceux de MM. Parmentier & Cadet, pour en faire
» les fauteurs de l'empyrifme; que l'autorité de ces deux
» Apothicaires pourroit devenir préjudiciable au public,
» ce qui eft intolérable; que le fieur Cadet ayant fait une
» premiere analyfe des Eaux du fieur D'Acher, il n'y avoit
» trouvé que du vitriol de zinc, fubftance métallique,
» fouvent employée en médecine; mais qu'ayant fait une
» feconde analyfe d'une autre bouteille du même auteur
» qu'on lui avoit envoyée, il a trouvé que ce n'étoit plus
» le vitriol de zinc, mais le *fublimé corrofif*, *qu'on y*
» *avoit fubftitué à grande dofe*, &c. »

Cette affertion indécente, fans motif & fans néceffité,
porte tous les caracteres d'une calomnie; puifqu'ayant
fait lui-même le plus grand éloge de ces Eaux en préfence
de Madame la Marquife de Mefnars, qui en faifoit ufage;
ayant donné *proprio motu*, une atteftation par écrit fur
leur falubrité & leur efficacité, il ne pouvoit publier une
affertion contraire, fans faire tort à fon jugement, & à fa
propre réputation; ou du moins fans avoir des preuves
juridiques plus claires que le jour, qu'au lieu d'une drogue
falutaire par lui reconnue telle, le fieur D'Acher avoit fubftitué
fans profit & fans néceffité, un poifon dangereux. Quel motif
en effet le fieur D'Acher auroit-il eu de gâter des Eaux, dont
le fuccès, & la réputation étoient faits à Paris, & dans
les Provinces? pourquoi auroit-il cherché à fe décrier, en
convertiffant un remede falutaire, en un vrai poifon? Voilà
un problême digne de la fagacité du fieur Cadet. Le fieur
Parmentier, fon confrere, s'eft plaint de ce qu'on avoit abufé
de fon nom dans le Journal de Paris, puifqu'il a écrit au fieur
D'Acher, qu'il n'avoit aucune part à cette fortie indécente;
qu'il étoit perfuadé de l'efficacité de fes Eaux ftomachiques,

& qu'il les avoit conseillées à M. le Baron D'Espagnac, &c.
Ce désaveu du sieur Parmentier sembloit devoir amener le
sieur Cadet, son confrere, à une démarche aussi prudente.
Le sieur D'Acher se contentoit qu'on insérât sa réponse dans
le Journal de Paris, mais il n'a jamais pu obtenir cette
faveur, quoiqu'elle soit de justice. En effet, la même feuille
qui sert à attaquer la réputation des citoyens, devroit être
consacrée à leur justification, lorsqu'elle est légitime.

L'impossibilité où se trouvoit le sieur D'Acher, d'obtenir
justice à cet égard, l'a forcé de porter plainte devant le
Commissaire Bouin, le 9 Août 1783, & de faire assigner
sur cette plainte, le sieur Cadet, à l'Audience de la Chambre
criminelle, pour voir dire, qu'il sera fait défenses au sieur
Cadet, de plus à l'avenir écrire des lettres pareilles à celle
insérée dans le Journal du jeudi 7 Août, contre l'honneur
& la réputation du sieur D'Acher, & tendante à le décrier
& diffamer; & pour l'avoir fait publiquement par la voye
dudit Journal, que ledit sieur Cadet sera condamné à ré-
tracter sa lettre par la même voye, & reconnoître le sieur
D'Acher pour homme d'honneur & de probité, incapable
de distribuer & faire distribuer des Eaux où il y auroit du sublimé corrosif, & en passer acte au Greffe en présence de telles
personnes que le sieur D'Acher voudra choisir, sinon que la
Sentence à intervenir vaudra ledit Acte; que le sieur Cadet
sera condamné aux dépens, dommages & intérêts du sieur
D'Acher, la Sentence imprimée & affichée par tout où
besoin sera, &ç.

En réponse à cette assignation, le sieur Cadet, aussi
habile praticien que profond chymiste, opposa *une fin de
non-recevoir*; objectant que le sieur D'Acher n'avoit ni
titre, ni qualité pour former une telle demande, & l'ap-
puyer; se réservant d'en déduire les raisons à l'Audience
Le sieur D'Acher répliqua, que dans une pareille cause,
il ne s'agissoit pas de raisonnemens, mais de faits: *or tout fait
doit être mis par écrit*, afin d'être accordé ou contesté; il
l'interpella en conséquence de faire signifier les faits dont
il entendoit argumenter en jugement. Il observa de plus,

qu'il falloit que le fieur Cadet s'arrogeât d'étranges privileges, pour croire qu'il pût impunément diffamer un citoyen par la voye des papiers publics, en affurant, contre vérité, *que le fublimé corrofif entre à grande dofe dans les Eaux du fieur D'Acher*, & que celui-ci n'a ni droit, ni qualité pour avoir réparation d'une pareille calomnie, tendante à le faire paffer dans l'efprit de fes malades, & de tous ceux qui font, ou voudroient faire ufage de fes Eaux, pour un empoifonneur public ; *que le fieur Cadet*, prétendu réparateur des torts & vengeur de la Faculté contre l'empyrifme, ayant pris fur lui feul la calomnie inférée dans le Journal, c'eft par conféquent fur lui feul qu'elle doit être vengée, par une rétractation que fes faux-fuyans ne lui feront pas échapper, &c.

Réponfe aux moyens du fieur Cadet.

Le fieur Cadet, preffé dans fes derniers retranchemens, a enfin fait fignifier fes moyens de défenfes prétendus, & délayés à deffein dans un déluge de paroles, & de faux raifonnemens, qui rempliffent trois grands rôles de très-fine minute : comme fi la vérité, fi belle par fa fimplicité, avoit befoin de tout cet attirail étranger, qui ne fert qu'à offufquer fon éclat. On va fuivre le fieur Cadet pied à pied ; & c'eft en réfutant les moyens de defenfes de fon adverfaire, que le fieur D'Acher prétend établir les fiens.

1.° Après avoir tranfcrit les conclufions du fieur D'Acher, le fieur Cadet s'écrie : « Ne croiroit-on pas, d'après de pareilles » conclufions, que le fieur Cadet a fait imprimer des hor- » reurs contre le fieur D'Acher, & que ce dernier eft un » Médecin utile, protegé par le Gouvernement, revêtu d'un » *privilege exclufif* de vendre un remede approuvé, &c. ?

Mais qu'importe le titre de Médecin ? ne peut-on être utile à fes femblables, qu'avec un bonnet de docteur ? Ne fuffit-il pas d'être chef de famille, & Citoyen d'un Etat où l'on fait le bien, pour être protegé par les loix contre les calomniateurs ? Le fieur Cadet avance que le fieur D'Acher n'eſt pas breveté. Veut-il qu'il lui faſſe ſignifier ſon brevet du Roi, & conſent-il à perdre ſa cauſe ſi on lui en juſtifie? Le ſieur D'Acher n'a jama:s prétendu queſon brevet lui donnât un privilege excluſif, pour faire le bien de l'humanité; il voudroit au contraire, que tout le monde ſuivit ſon exemple : & c'eſt le ſieur Cadet qui voudroit l'empécher, pour être le ſeul à vendre ſes drogues ; parce qu'il a le titre d'Apothicaire , & qu'il eſt membre d'unCorps. C'eſt l'eſprit de Corps qui eſt excluſif ; & l'excluſif eſt, & ſera toujours la perte & la ruine des états, des talens & des vertus ; tandis que la liberté ſera toujours utile & avantageuſe. Le ſieur D'Acher conſent que le ſieur Cadet, & ſon frere diſtribuent, vendent & préchent dans tous les Journaux à Paris & ailleurs des Eaux ſtomachiques, meilleures que celles du ſieur D'Acher ; mais que le ſieur Cadet ne calomnie pas celles-ci, en les accuſant fauſſement contenir du ſublimé corroſif *à grande doſe.* Qu'ils imitent ſon exemple par le bien qu'il fait gratuitement à ſes concitoyens ; il peut prouver par les lettres des Curés de Province, le bien qu'il continue de faire aux pauvres, en leur envoyant *gratis* ſon élixir, & en entretenant avec eux une correſpondance ſuivie juſqu'à guériſon. Qu'on aille chez lui, on y trouvera preſqu'en tous temps des pauvres couverts de dartres & de playes qu'on lui adreſſe de tous côtés, ou qu'on lui renvoie de la Charité, & on le verra en tous temps donnant gratuitement à tous, & ſes ſoins & ſes remedes. Que le ſieur Cadet ſe cite pour faire autant de bien à l'humanité, & au même prix, *voilà le mot:* ce ne ſera ſûrement pas chez lui, que les pauvres trouveront des ſecours gratuits; qu'il laiſſe donc aux autres le plaiſir de faire le bien qu'il ne veut ni ne peut faire.

2.º Le ſieur Cadet dit « que le ſieur D'Acher n'a aucune » qualité pour vendre ſon remede, par conſéquent aucun » droit de ſe plaindre de ceux qui peuvent l'attaquer ; que » c'étoit pourquoi il s'étoit contenté d'oppoſer une ſim» ple *fin de non recevoir,* denuée de moyens, ſauf à les dé» duire à l'Audience, &c.

Mais on a déjà détruit cette objection futile ; & les moyens
que le sieur Cadet s'est vu forcé de signifier *par écrit*, prouvent qu'il a été contraint de renoncer à cette fin de non
recevoir. Le sieur D'Acher distribue ses Eaux depuis plus
de douze années dans Paris, en vertu d'un *brevet du Roi* ;
& en a donné la composition à plusieurs Médecins qui en
font usage, & à la Société royale de Médecine, qui les a
approuvées, en assurant que c'est un Médecin qui lui en
a donné la recette : le sieur D'Acher, qui en est l'inventeur, a
donc bien qualité pour distribuer ses Eaux, par le droit
qu'a tout ami de l'humanité, auteur d'une découverte heu-
reuse, de donner du secours à ses semblables, sans que per-
sonne puisse l'empêcher, encore moins calomnier l'Auteur
& son remede.

3.º Le sieur Cadet rapporte, sous le n.º 3, la teneur du
certificat qu'il avoit donné à l'invitation de plusieurs personnes, *en faveur des Eaux stomachiques du sieur D'Acher*,
dans un temps où il ne tenoit alors qu'à la vérité, sans prévention ni motif. Il dit dans ce certificat, « qu'il résulte
» des expériences qu'il a faites avec le plus grand scrupule,
» que chaque pinte d'Eau, contient un *peu de nitre à basé*
» *alkaline* ; enveloppé d'une petite quantité de mucilage ;
» qu'après en avoir examiné un grand nombre de bouteilles,
» il peut attester que toutes les diverses préparations de
» l'Auteur sont exemptes *de sels mercuriels, & de tous principes*
» *nuisibles à la santé*. Qu'il y a lieu de croire que les Mé-
» decins ont reconnu leur efficacité, puisque l'Auteur est
» pourvu d'un brevet de *Sa Majesté*, pour le débit des
» Eaux stomachiques & dépuratives de sa composition, &c. »

Voilà donc un double aveu du sieur Cadet ; le premier,
qu'il reconnoit lui-même le sieur D'Acher *comme ayant droit*
& qualité au débit des Eaux de sa composition, en vertu d'un brevet de Sa Majesté. Le second, que ces Eaux ne contiennent
aucuns sels mercuriels, ni aucuns sels nuisibles à la santé.
Voilà toute la cause. *Droit du sieur D'Acher* ; *Bonté de ses*
Eaux. Cela est établi par la signature du sieur Cadet ; c'est
donc aux Juges à prononcer sur la peine de la calomnie

postérieure

poftérieure à ces aveux avantageux, que le fieur D'Acher n'avoit ni follicités ni mendiés, comme en convient le fieur **Cadet**. On remarquera feulément ici une petite contradiction, dans cette premiere analyfe du fieur **Cadet** ; c'eft qu'il avoit trouvé dans les Eaux du fieur D'Acher, du *nitre à bafe alkaline*, enveloppé d'un peu de *mucilage* ; & que dans la lettre qu'il a fait inférer dans le Journal de Paris du 7 Août dernier, il prétend n'avoir trouvé dans fa premiere analyfe que du vitriol de zinc, fubftance métallique employée en médecine. Cette contradiction palpable annonce l'incertitude des analyfes du fieur **Cadet**, les variations de fon efprit, & les défauts de fa mémoire. Il trouve aujourd'hui dans ces Eaux, du *fublimé corrofif à grande dofe* ; hier il y trouvoit du *zinc* ; avant hier du *nitre* & du mucilage ; il y trouvera bientôt de l'*arfenic*, s'il y en met ; & ces Eaux feront entre fes mains une *Panacée* ou un *Poifon*, felon qu'il voudra du bien ou du mal au fieur D'Acher.

« 4.° On ne peut attaquer, dit le fieur **Cadet**, ni
» foupçonner *ma bonne volonté* pour le fieur D'Acher,
» puifque j'ai rendu à fon Eau la plus grande juftice,
» lorfque j'ai reconnu qu'elle ne contenoit aucun fel métal
» lique, rien de nuifible, &c. Mais il s'eft prévalu de mon
» certificat & de celui du fieur **Parmentier**, pour impri
» mer, que d'après l'analyfe des fieurs **Cadet** & **Parmentier**,
» il ne pouvoit réfulter aucun inconvénient de l'ufage de
» fes Eaux. Je me trouve donc par cette publicité, *garant*
» *de l'innocence de fon remede* ; par la même raifon, je
» puis en dénoncer le danger lorfqu'il y en a, &c. &c.
Il femble que le fieur **Cadet** faffe un crime au fieur D'Acher de ce qu'il s'eft prévalu de fon analyfe & de fon *atteftation*. Mais on demande à quelle fin il avoit donné fon *certificat*, fi ce n'eft pour la publicité ? à moins que ce ne foit pour avoir la gloire d'être cité comme le grand faifeur d'analyfes, le principal chymifte auquel il faut s'adreffer pour décompofer les matieres, &c. Il ne pouvoit, en effet, obtenir ce triomphe que par la publicité : « *auffi*,

» dit-il, *n'ai - je pas voulu réclamer contre mon certificat,*
» tant que j'ai penfé que cette Eau ne contenoit pas de
» fels mercuriels. Je n'ai pas même réclamé quand jai
» reconnu, par différentes analyfes poftérieures à mon pre-
» mier examen, que ces Eaux receloient, *au lieu de nitre,* du
» vitriol de *zinc,* parce que cette fubftance métallique eft
» fans danger pour les malades, & que dans ce cas fes
» Eaux peuvent être de quelque utilité par cette prépa-
» ration, &c.

Il femble que le fieur Cadet fuive pied à pied la diftribution des Eaux du fieur D'Acher, & qu'il y prenne un
bien vif intérêt, puifqu'il les analyfe toutes les fois qu'il
croit en avoir fous la main & qu'il en trouve l'occafion.
Il faut que ces Eaux ayent bien de la vertu, pour pi-
quer la curiofité d'un docte Académicien & lui en faire
répéter fi fouvent l'analyfe fans qu'on l'en prie. Il a pu
voir par l'*Effai du fieur D'Acher fur les maladies de l'eftomac, & celles qui en font la fuite,* que ce dernier ne fait
pas grand cas de fon certificat, puifqu'il n'a pas dai-
gné le rappeller, comme dans fes premieres inftructions;
& ce filence eft peut-être la caufe des dernieres analyfes
du fieur Cadet. Son fublime amour-propre aura cru voir
du fublimé corrofif, dans des Eaux qui fe diftribuent fans
fon attache.

Si ce n'eft pas le motif d'amour-propre bleffé, & de
jaloufie, qui a donné lieu aux dernieres analyfes du fieur
Cadet, on pourroit penfer peut-être que la vue d'intérêt y entreroit pour quelque chofe.

En effet, le fieur D'Acher a dévoilé fon fecret à la Société royale. Le fieur Cadet, qui en eft Membre, connoît
fûrement cette compofition, & il eft bien perfuadé qu'il
n'y entre pas de fublimé corrofif, ni aucuns fels de cette
nature. Il en connoît les vertus & les propriétés. Ne
pourroit-on pas croire, qu'il auroit intention de ne décrier que le nom *D'Acher* qu'elles portent, pour y fubf-
tituer le fien, ou tout autre titre nouveau, & qu'alors
elles feroient entre fes mains le remede univerfel ? Ce fe-

roit alors que le Journal de Paris , fait par son frere *olim*
Apothicaire, publieroit tous les jours des merveilles de ces
Eaux , avec l'exposé des cures surprenantes qu'elles opé-
reroient ; bientôt on solliciteroit du Gouvernement une pen-
sion , & des récompenses honoraires & pécuniaires , pour
une découverte qu'il s'approprieroit & qui seroit dûe aux
soins & aux travaux du sieur D'Acher.

« 5°. En supposant, continue le sieur Cadet, que le sieur
» D'Acher ne se fut pas prévalu de mon suffrage & de
» mon certificat, qui me rendent garant de la salubrité de
» ces Eaux ; quand je ne serois guidé que par l'humanité
» & le desir d'être utile à mes concitoyens , *auxquels*
» *j'ai voué mes services , plus par inclination , que par état,*
» les Magistrats pourroient-ils me faire un reproche fondé ,
» de ce que je dénonce publiquement la *découverte* que
» j'ai faite d'un sel mercuriel, & d'une substance métal-
» lique, corrosive dans un *Elixir*, dont l'usage peut être
» commun ? Le bon citoyen , qui n'a en vue que la vé-
» rité , l'intérêt de ses semblables , doit-il être la victime
» de son zèle ? &c.

Non sans doute , si vous disiez la vérité, Monsieur Cadet ,
& si vous la disiez par des motifs aussi purs : mais les
Magistrats vous reprocheront, que votre zèle prétendu
n'est qu'une diffamation publique , une hardiesse repré-
hensible. Une vérité , pour être crue en Justice , doit être
soutenue de preuves juridiques , & vous devez savoir
que ce qu'on nomme *preuves juridiques* , est bien différent
de celles qui restent au fond d'un matras dans lequel l'i-
magination exaltée du chymiste , sa prévention ou quelque motif secret, peuvent lui faire appercevoir du *sublimé*
corrosif à grande dose , tandis qu'il n'y en a pas un
atome.

En supposant même qu'il fallût vous en croire &
qu'il se soit réellement trouvé dans l'une des nom-
breuses analyses que vous avez faites de ces Eaux, du
sublimé corrosif à grande dose , vous n'auriez toujours pas
la preuve que ce sont celles du sieur D'Acher ; ainsi votre pré-

prétendue vérité feroit toujours une calomnie. Vous apprendrez par le jugement, qu'une affertion qui attaque l'honneur d'un citoyen, ne peut devenir une vérité, à moins qu'elle ne foit étayée des témoignages de plufieurs experts convoqués juridiquement & affermentés; que jufques-là toute affertion injurieufe n'eft qu'une calomnie pour laquelle vous devez réparation; enfin, que quand vos affertions chymiques n'intéreffent perfonne, ce ne font pour l'ordinaire que des erreurs auxquelles le Public ne prend pas de part, ou des répétitions qui n'amufent perfonne. Pourquoi le fieur Cadet, voudroit-il forcer ce public & le fieur D'Acher à croire la vérité & l'exactitude de fes analyfes chymiques, lui qui ne veut pas croire la vérité des cures faites par le fieur D'Acher, quoique les malades atteftent eux-mêmes leur guérifon?

6.º « *M. Triofon, Médecin* des Armées, connu & eftimé
» dans cette Capitale, ne voulant pas confier la fanté d'une
» femme qui l'intéreffoit, à un remède dont il ne connoiffoit
» pas le principe, me fit parvenir, (dit le fieur Cadet) un
» demi fetier d'Eau (*) vendue à cette dame fous le nom *d'E-*
» *lixir D'Acher*, à raifon de 12 liv. la pinte, en me priant d'a-
» nalyfer cet Elixir. On conçoit ma furprife, continue le
» fieur Cadet, lorfqu'à la premiere expérience je découvris
» un fel mercuriel; toutes les épreuves que je variois me
» convainquirent que cet Elixir contenoit un fel mercuriel,
» violent, autrement nommé *fublimé corrofif.* Alors guidé
» par les *nobles motifs* expofés ci-devant, j'ai cru
» devoir le dénoncer aux Auteurs du Journal de Paris, en
» leur adreffant la lettre dont fe plaint le fieur D'A-
» cher, &c.

---

(1) *Nota.* Il y a contradiction dans la lettre du Journal; il dit qu'il en a décompofé une bouteille, & ici ce n'eft qu'un demi-fetier qui lui a été envoyé, & acheté fous le nom D'Acher. On ne dit pas qu'on foit allé la prendre chez le fieur D'Acher, qui n'en donne pas par demi-fetiers. Ainfi la dame a été trompée, par la perfonne qui la lui a vendue.

Le sieur Cadet cite le nom de M. Trioson ; mais il oublie , à dessein sans doute , le nom de la dame qui avoit acheté l'Elixir. C'est ce nom là , qu'il étoit essentiel de savoir , pour qu'on puisse vérifier , si on n'en a pas imposé au Médecin & à l'Apothicaire. Voilà l'Elixir D'Acher , passé par trois mains , dont la premiere est inconnue , & la derniere fort suspecte au sieur D'Acher. Quelle idée peut-il donc avoir d'une analyse faite sur une Eau , qui n'est plus celle du sieur D'Acher , puisqu'elle contient du sublimé ? quelle preuve le sieur Cadet donne-t-il que cette Dame ait envoyé prendre chez le sieur D'Acher l'Elixir, que le zéle lui a fait analyser , & que s'il y a trouvé ou voulu trouver du sublimé , que ce soit le sieur D'Acher qui l'y ait mis ? quelles sont enfin les preuves par lesquelles il soutient que cet Elixir analysé par lui seul , sans même être assisté du Médecin qui l'en avoit prié , contenoit réellement du sublimé ? Voila des questions auxquelles toute la chymie du sieur Cadet ne sauroit répondre , parce qu'en effet il ne peut pas se flatter qu'on admette son assertion & son autorité sans preuves , lorsqu'il s'agit de l'honneur d'un citoyen qu'il attaque.

La marche naturelle qu'un ami de l'humanité & de l'honnêteté , autre que le sieur Cadet, auroit dû tenir en pareil cas , étoit , ce semble, celle-ci. Il auroit d'abord dû prévenir le Médecin du résultat de son analyse , pour qu'il ne permit pas à sa malade de faire usage d'une Eau suspecte. Il auroit dû ensuite envoyer acheter par quelqu'un de confiance , une bouteille d'Elixir cachetée chez le sieur D'Acher lui-même ; ou pour s'éviter la dépense de l'achat , en faire demander par quelque pauvre malade qui l'auroit eue *gratis*. Ensuite il auroit appellé deux chymistes dignes de foi , pour en faire l'analyse en leur présence ; s'étant assuré pour lors que cet Elixir contenoit du sublimé à grandes doses , comme il ose le dire contre vérité & sans preuve , il auroit averti M. le Lieutenant de Police , seul en droit de veiller à ce qu'on ne distribue pas des remedes meurtriers , & ce Magistrat respectable, qui avoit donné son approbation au débit , auroit sur le champ donné des ordres pour

faire faire une nouvelle épreuve en préfence du fieur D'Acher;
& fi l'épreuve eut été conforme à celle du fieur Cadet, alors le
Magiftrat en auroit défendu la diftribution, & fait prévenir,
par les papiers publics, ceux qui auroient pu avoir quelque confiance aux vertus de cette Eau meurtriere. Mais le fieur Cadet n'a pas rempli aucune de ces obligations ; il s'eft at-
tribué le droit de calomnier un honnête citoyen, occupé du foin de foulager fes femblables, comme le fieur
Cadet en convenoit au commencement, en atteftant, comme
il l'a fait, ainfi que le fieur Parmentier fon collegue, le
bien qui refultoit de l'ufage des Eaux D'Acher. « Le fieur
» Cadet foutient au même endroit, qu'un homme d'hon-
» neur ne doit jamais fe retracter, quand il n'a dit que
» ce qu'il a vu ». Mais il faut auparavant qu'il prouve
qu'il a vu, & qu'il a bien vu ; jufques-là il ne doit rien
dire d'injurieux à un homme qui a autant d'honneur que lui ;
& il eft ridicule de fa part de foutenir, au même endroit
de fes défenfes, que le fieur D'Acher eft non recevable à fe
plaindre de fa prétendue découverte, & de la dénonciation
qu'il en a faite au Journal.

Mais fur quel fondement le fieur Cadet prétend-il
donc être cru, uniquement parce qu'il affirme ? n'eft-il pas
lui-même repréhenfible, lorfqu'il affirme fans preuves ? ne
devoit-il pas, comme Chymifte, détailler fes expériences,
les procédés qu'il a fuivis pour trouver du fublimé où il
n'y en eut jamais ? On auroit du moins jugé par l'expofé
de fes moyens, fi fes réfultats chymiques étoient juftes.
Il a peut-être craint de compromettre fa fcience & fa réputation : car c'eft par l'expofé des moyens, qu'on juge de la
certitude des réfultats. Le filence affecté du fieur Cadet fur
les moyens de reconnoître l'exiftence du fublimé dans un
liquide quelconque, a déterminé le fieur D'Acher à indiquer lui-même un moyen bien fimple & bien facile, à l'aide
duquel tous ceux qui font ufage de fes Eaux, pourront fe
convaincre, fans recourir à la fcience du fieur Cadet, fi fes
Eaux ou fon Elixir contiennent cette fubftance corrofive. Il

suffit de verfer du firop violat nouveau & bien cuit (*) fur
cet Élixir, & l'on verra qu'il confervera fa couleur bleue ;
au lieu qu'il prendra une couleur verte, fi l'on y verfe de
l'eau où il y ait du fublimé en diffolution. Cette méthode
fi peu coûteufe & fi facile, peut mettre tout le monde à
même de connoître, fi les Eaux D'Acher, ou toute
autre qu'on pourroit fufpecter, contiennent ou non
du fublimé; & l'on n'aura pas befoin de tout l'attirail du
Chymifte pour juger que le fieur Cadet en a impofé. Il ne
manquera point fans doute de nous apprendre, dans le cours
de l'inftance, les moyens d'appareil qu'il a employés pour
découvrir le *fublime à grande dofe* dans ces Eaux; c'eft là
où on l'attend, pour lui montrer que l'art de décompofer les
corps où les mixtes, n'eft pas toujours un moyen fûr pour
reconnoître leurs principes conftituans; & que fouvent la
fcience n'eft qu'erreur & vanité. On s'en tient ici à lui faire
voir qu'il n'a pas eu le droit de calomnier un Citoyen
d'après une analyfe faite fous le manteau de la cheminée, par
lui feul ou par fes garçons.

« 7.º Le fieur D'Acher (& ceci eft la plus forte objection
» du fieur Cadet) n'a point de brevet de S. M. Celui qu'il
» avoit obtenu le 15 Février 1772, fe trouve révoqué par
» l'article premier des Déclarations du Roi, du premier
» Août 1778, & 26 Juin 1780, & Arrêt du Confeil du 5
» Mai 1782, qui ordonnent aux poffeffeurs des remedes
» d'avoir l'approbation de la *Société royale de Médecine*;
» que cette Société a dit par fa délibération du 25 Juillet
» 1783, que *l'Eau du fieur D'Acher ne méritoit pas fon*
» *approbation*, &c. »

On a rapporté plus haut la délibération de la Société
royale, & les circonftances d'après lefquelles elle a été ren-
due; on a vu qu'elle approuvoit les Eaux ftomachiques, dont la

---

(1) Le firop violat ne doit pas avoir fermenté; il eft alors decom-
pofé, & l'expérience ne peut pas fe faire, parce qu'il devient d'un brun
tirant fur le verd: il doit être d'un beau bleu foncé, pour être bon. On
peut faire la même expérience fur les Poudres qu'on foupçonnera en
contenir, en les faifant diffoudre dans l'eau chaude.

compofition , l'ufage & les cures, étoient connues de plufieurs Membres de la Société ; mais qu'elle *penfoit ne pouvoir don-ner fon approbation au fieur D'Acher* , parce qu'un pareil remede avoit été communiqué à la Société par *un de fes Mem-bres, Médecin de profeffion*. M. Vicq-d'Azyr, Secrétaire de cette illuftre Société, en a affuré le fieur D'Acher ; il a lui-même confeillé l'ufage de ces Eaux, & affurement le témoignage de M. Vicq-d'Azyr vaut bien celui du fieur Cadet ; la fcience du Médecin vaut bien celle de l'Apothicaire : on ne voit pas ce que ce dernier pourra répondre pour fe difculper.

D'ailleurs , la Société inftruite de la compofition des Eaux D'Acher , n'a pas dit ni écrit , qu'elles continffent aucune fubftance corrofive, & elle n'y eut pas manqué, s'il y avoit eu du fublimé, comme le foutient le fieur Cadet. Ce dernier n'avoit pas le droit d'analyfer, fans miffion, un remede foumis à l'examen de la Société ; encore moins a-t-il raifon de trouver du fublimé où il n'y en eut jamais ; encore moins a-t-il le droit de dénoncer dans les papiers publics, d'après fa feule autorité, fut-elle même appuyée de celle du fieur Parmentier , que ces Eaux contiennent des fubftances corrofives & meurtrieres : il devoit fe contenter de dire , comme la Société Royale , *qu'elles ne méritoient pas l'approbation de MM. Cadet & Parmentier ;* mais il ne devoit pas ajouter *qu'elles tiennent en diffolution du fublimé à grande dofe ,* parce que c'eft une fauffeté nuifible au fieur D'Acher.

Quant au droit de diftribuer fes Eaux, que le fieur Cadet difpute au fieur D'Acher, en le qualifiant d'*empyrique fans brevet & fans privilege,* c'eft ici où le fieur D'Acher perdroit le fang froid & prendroit fa revanche avec ufure, fi ce n'étoit pas à la Juftice à le venger pleinement des qualifications odieufes que le fieur Cadet fe permet contre un Citoyen , & des moyens qu'il emploie pour le calomnier dans les papiers publics. Au furplus , la Société royale n'a pas condamné les Eaux D'Acher , elle a feulement refufé fon privilege à un remede qu'elle prétendoit déja connoître ; mais ce privilege n'eft néceffaire qu'autant qu'on veut afficher fon remede devant fa porte & dans les carrefours , établir

des

des bureaux dans la ville & les provinces. C'eſt ce que le ſieur D'Acher n'a jamais ambitionné ; & en donnant la compoſition de ſes Eaux à la Société Royale , il n'a eu d'autres vues que d'en répandre l'uſage par les Médecins eux - mêmes, pour le bien de la Société, en procurant à la Faculté un remede qu'on cherchoit vainement depuis longtemps.

De quel droit le ſieur Cadet vient-il donc aujourd'hui , ſans miſſion, ſans cauſe & ſans preuves, calomnier le même reme-de qu'il a tant loué autrefois ?

« Enfin , dit le ſieur Cadet pour terminer ſes longues
» défenſes, le ſieur D'Acher *fait un menſonge indécent* , en
» aſſurant que la Société Royale a reconnu l'efficacité de ſon
» remede ; tandis que cette Société le juge indigne de ſon
» approbation, &c.

Mais où eſt donc le menteur ? puiſque le ſieur D'Acher n'a jamais dit que *la Société ait approuvé ſon reméde par une délibération expreſſe* : il a ſeulement dit , comme il eſt vrai, qu'il avoit communiqué la compoſition de ſes Eaux à la Société Royale ; que MM. Andry & Tourette Com-miſſaires avoient été témoins des cures admirables opérées par leur uſage; qu'ils étoient trop amis du vrai pour les nier , & pour ne pas convenir qu'ils avoient vu la cure des enfans d'un Médecin couverts d'une teigne rongeante, & la famille de M. Le Blanc guérie , & que le ſieur D'Acher leur a remis pluſieurs lettres des Médecins ſur l'effet ſalutaire de ſes Eaux, & qu'ils n'ont pas manqué d'en inſtruire la Société ainſi que M. Vicq-d'Azyr, qui les a conſeillées lui-même à Madame Gauthier. Le ſieur D'Acher a donc pu dire, ſans menſonge, que l'efficacité de ſes Eaux étoit connue de la Société. L'ordre que le Gouvernement a donné au ſieur D'Acher d'aller à Breſt pour y traiter une fiévre maligne, avec une dyſſenterie ſcorbutique, qui déſoloit l'Eſcadre ; les cures opérées ſous les yeux de M. Poiſſonnier, qui ne les a pas ſans doute laiſſé ignorer à la Société Royale , dont il eſt Membre ; enfin l'aveu de MM. Tourette & Vicq-d'Azyr, qui ont aſſuré le ſieur D'Acher, que la Société ne lui acordoit pas d'approbation, parce que son remede lui étoit déja connu. Tout cela, autorise bien le sieur D'Acher à dire que la Société connoît toute l'efficacité de ce remede ; mais rien ne pouvoit autoriser le sieur Cadet à soutenir que ce même remede contient du sublimé à grande dose, puisqu'il n'y en a pas un atome.

Il résulte de tout cela, que le sieur Cadet s'excuse mal, & que d'ailleurs rien ne peut l'excuser. Il s'est érigé en juge des Eaux D'Acher ; il l'a fait de son autorité privée. Il a calomnié l'auteur de ces Eaux, en l'accusant de faire entrer du poison à forte dose dans leur composition. Il a semé la calomnie dans le Public, en rétractant le premier jugement qu'il avoit porté sur ces Eaux. Comme Apothicaire, il n'a pas eu le droit de dénoncer au Public les Eaux D'Acher comme dangereuses, parce que ces Eaux sont étrangeres à la profession d'Apothicaire ; comme Chymiste, il n'a pas pu revenir sur son premier jugement sans mauvaise foi : & d'ailleurs il auroit dû respecter le même Public, qui a confiance dans ce remede dont il use librement depuis si long-temps, & ne pas lui faire une dénonciation qu'il ne lui demandoit pas.

RÉFUTATION *de la Replique du Sieur Cadet.*

Les *moyens de défenses du sieur Cadet*, présentés avec un air de triomphe, qu'il croyoit propre à en couvrir la foiblesse, ayant été foudroyés par la *réponse du sieur D'Acher*, dont on vient de donner le précis, le sieur Cadet a cru devoir les étayer par une longue *Replique* de plus de 12 pages de minute signifiée le 22 Décembre 1783. Comme cette replique ne contient pas un seul moyen nouveau, & que ce n'est qu'un échafaudage des faux raisonnemens, imaginés pour soutenir un bâtiment ruiné, le sieur D'Acher ne croit pas devoir s'y arrêter longtemps ; il se contentera d'y jeter un coup d'œil rapide, pour ôter encore cette foible ressource aux prétentions du sieur Cadet.

Ce dernier observe d'abord, que ce n'est pas lui qui est auteur du *Journal de Paris* ; que c'est son frere, qui porte le même nom, & qui n'est pour rien dans la conteftation. Auffi le fieur D'Acher ne s'eft-il point pourvu contre le fieur *Cadet Journalifte*, (quoique le diftributeur dés libelles foit auffi condamnable que le compofiteur) mais contre le fieur *Cadet Apothicaire*, qui a écrit & figné la lettre, où il accufe le fieur D'Acher de vendre fort cher du fublimé corrofif, pour un remede ftomachique & falutaire.

Le fieur Cadet ajoute que » le fieur D'Acher étoit fort » libre de faire inférer fa réponfe dans le même Journal ». Mais on a déja prouvé que ce n'étoit qu'après le refus de ces Journaliftes mal-intentionnés, dont le frere du fieur Cadet eft un des auteurs, que le fieur D'Acher a été forcé de porter fes plaintes à la Police, contre cet abus des privileges du Journal, & de fe pourvoir en Juftice, contre le premier auteur de la calomnie. Le Commiffaire ami du fieur Cadet, eft allé lui-même chez lui, pour lui confeiller de faire inférer dans le Journal de Paris, la réponfe du fieur D'Acher; & ce n'eft qu'après l'inutilité de ces démarches qu'il a reçu la plainte. Le Sr. D'Acher, en a toujours agi de fi bonne foi dans toute cette affaire, qu'il fut encore le 28 Décembre dernier fe préfenter au Bureau du *Journal de Paris*, pour y faire inférer une courte réponfe, qui devoit fervir de contre-poifon à la lettre du fieur Cadet Apothicaire. Il indiquoit dans cette réponfe une expérience fort fimple, pour que tous ceux qui prendront de l'*Elixir D'Acher*, puiffent fe convaincre à l'inftant qu'il n'y entre pas un atome de fublimé. Cette réponfe ne contenoit pas une demi-page; le fieur *Cadet*, nom fi refpecté dans le Bureau de cette ferme littéraire, n'y étoit pas même prononcé. On a renvoyé le fieur D'Acher à trois jours, pour avoir le temps de délibérer fur fa demande. Le fieur D'Acher s'eft rendu au Bureau le premier de l'an; & on a fini par lui dire, qu'on ne pouvoit rien imprimer pour lui dans le Journal. Si le fieur Cadet nie ce fait, il ne lui reftera que la reffource de rapporter un certificat des Journaliftes.

La réplique du fieur Cadet eft divifée, comme un fermon, en *deux points*.

PREMIER POINT.

« La lettre du fieur Cadet à fon frere le Journalifte, n'eft
» point une imputation, encore moins une calomnie; mais
» une fimple juftification, extrêmement effentielle au fieur
» Cadet. Il devoit à fa propre réputation de détruire les
» impreffions favorables que fon certificat avoit donné des
» *Eaux D'Acher*, quand elles ne contenoient que du vitriol
» de zinc, lorfqu'il s'eft apperçu que la bouteille qui lui
» a été adreffée par M. Triofon, contenoit du fublimé à
» *grande dofe*. Il n'a pu fe tromper, parce que rien n'eft
» plus invariable que les réfultats des opérations chymiques.
» Il eft vrai, continue le fieur Cadet, que je n'ai pas dû
» affirmer que les Eaux que le fieur D'Acher diftribue,
» étoient toujours compofées de fublimé corrofif ; auffi ne
» l'ai-je pas fait. J'ai dit feulement qu'on m'avoit envoyé
» une bouteille d'Eau du même auteur, convertie en Elixir
» pour la commodité des malades, laquelle contenoit du
» fublimé à grande dofe. J'ai publié une lettre, parce que
» je n'ai pas voulu laiffer ignorer au Public, tranquille fur
» la foi de mon premier certificat, *qu'il étoit poffible qu'on*
» *abufât de fa confiance*; puifque la compofition de ce remede
» varioit au point qu'on diftribuoit fous le même *nom*
» *D'Acher*, un remede compofé de principes contraires.
» Je n'ai donc pas entendu calomnier le fieur D'Acher,
» ni même prétendre qu'il ne diftribue pas encore
» quelquefois, ni même journellement une Eau com-
» pofée de principes plus falutaires, plus doux, plus inno-
» cens, &c. »

Voilà donc le fieur Cadet ramené par force à l'aveu des
vrais principes de la juftice & de l'équité, qui ne fait
porter fa lettre, & l'imputation qu'elle contient que fur la
feule bouteille ou demi-fetier qui lui a été adreffé par M.
Triofon : & il convient que le fieur D'Acher peut diftribuer des Eaux plus falutaires, des remédes plus doux, plus
innocens. A préfent le procès eft facile à juger ; il n'y a
qu'à voir, fi c'eft là le fens de fa lettre aux Journaliftes.

La *bouteille ou demi-setier* qui lui a été adressée, n'étant pas du sieur D'Acher, il a pu y trouver du sublimé ; qu'il avoue qu'il n'en a trouvé que dans cette seule bouteille, & que les Eaux du sieur D'Acher, qu'il trouvoit si bonnes dans les premieres analyses, n'ont point changé de nature ; qu'il efface les impressions sinistres données en général par sa lettre au remede stomachique du sieur D'Acher, alors tout rentrera dans l'ordre de la justice. Il ajoutera, s'il veut, dans sa déclaration que le Public doit tenir ces Eaux du sieur D'Acher lui-même, pour qu'on n'y fasse pas de contrefaction nuisible, comme cela est arrivé à la bouteille qu'on lui avoit envoyée pour analyser, &c. & dès-lors tout procès sera fini, sauf les dommages & intérêts que la Cour accordera au sieur D'Acher, pour réparation des torts que lui a fait la calomnie du sieur Cadet, en le qualifiant d'empoisonneur public.

Mais, dit le sieur Cadet, « le sieur D'Acher varie la com
» position de son remede, & ce sont ces variations qui
» occasionnent celles de mes infaillibles résultats : ainsi il
» n'est pas surprenant qui j'y aye trouvé tour à tour du
» zinc, du nitre, des sels mercuriels, &c. ». Sans contester l'infaillibilité de la chymie, on peut du moins disputer celle du Chymiste, & il n'en est pas moins vrai que le sieur D'Acher ne se sert pas plus du zinc que de sublimé dans la composition de ses Eaux. Que si la présence de tel ou tel principe, dans un mixte quelconque, se manifeste toujours par des signes certains, ces signes sont ordinairement fort équivoques & fort incertains pour le Chymiste, sur-tout quand il se hâte de tirer des inductions qu'il faut bien distinguer des faits ; or un fait particulier, n'est jamais une preuve d'un principe, ni même d'un autre fait. De ce que les résultats du sieur Cadet varient, il ne s'en suit pas que la composition des Eaux du sieur D'Acher ait varié, mais seulement que le sieur Cadet a pu ou voulu voir de telle ou telle maniere. Pour que les résultats des analyses du sieur Cadet, fussent certains & infaillibles, pour qu'il fissent foi en Justice, il auroient dûs être constatés juridiquement,

en préfence d'experts , parties préfentes ou appellées ; jufque-là ces réfultats ne font certains que pour le fieur Cadet tout feul, qui peut en groffir fon recueil manufcrit d'expériences , mais qui n'a pas le droit de publier des réfultats injurieux à la réputation d'autrui.

Au refte, ce n'eft pas d'aujourd'hui que les infaillibles analyfes du fieur Cadet, font entachées de fufpicion & d'infidélité. Il fait combien de chagrins lui a donné la publication des lettres de Madame la Baronne d'Efpagnac , dans le *Récit hiftorique de la découverte de l'Eau médicinale du fieur Huffon*, où cette dame reproche au fieur Cadet, dans un cas tout pareil, d'avoir deux opinions, l'une pour le public, l'autre pour le particulier. Dans une autre lettre adreffée par cette Dame refpeĉable , au fieur Cadet de Vaux, Ex-Apothicaire : on lui mande que le fieur Cadet , Apothicaire en titre, compromet fon honneur & fa réputation en décriant l'*Eau médicinale* , en faveur de laquelle il avoit donné le certificat le plus authentique. On lui reproche même des infidélités répréhenfibles, telles que celles d'avoir tronqué la queftion qui lui avoit été faite au fujet de l'analyfe qu'on lui demandoit, pour fauver une contradiĉion entre fon certificat & fa réclamation ; 2°. d'avoir fait parler dans fa palinodie, M. Parmentier, qui l'a publiquement défavoué ; 3°. d'avoir foupçonné la fidélité des diftributeurs de l'Eau médicinale , & fait une injure grave au citoyen honnête & vertueux qui en eft dépofitaire, &c. Enfin, on dit qu'on connoît *le vrai motif de fa palinodie ; que ce n'eft pas l'amour du vrai ni de l'humanité, mais la crainte feule de déplaire aux Médecins.*

Tous ces éloges donnés à M. Cadet font publics ; le fieur D'Acher n'y a aucune part, quoiqu'il foit exaĉement dans le même cas que l'auteur de l'*Eau médicinale.* En effet, les fieurs Cadet & Parmentier ont donné un certificat très-étendu & très-favorable à l'Eau ftomachique du fieur D'Acher, après que le fieur Cadet eut affirmé qu'il en avoit fait, *proprio motu,* diverfes analyfes qu'on croit très-favantes, mais que perfonne ne lui demandoit. M. Cadet chante aujourd'hui la *palinodie*, & foutient que ces Eaux, autrefois excellentes, contiennent maintenant du *fublimé corrofif à grande dofe* ; il invoque le témoignage de M. Parmentier, qui le défavoue, & qui depuis l'inftance commencée, a écrit au fieur D'Acher le 16 Août 1783, qu'il n'avoit aucune part à la lettre que le fieur Cadet avoit adreffée au Journal, qu'il n'a jamais trouvé de fublimé corrofif dans fes Eaux, & que M. le Baron d'Efpagnac, qui en faifoit ufage, s'en eft toujours bien trouvé, & ne s'en eft jamais plaint. Voilà donc, comme dans l'affaire du fieur Huffon, un defaveu de la part du fieur Parmentier, de la palinodie du fieur Cadet, qui fait jouer à fon collègue un rôle à fon infçu. C'eft donc le cas d'appliquer ici les réflexions de Madame la Baronne d'Efpagnac.

Le fieur Cadet ne manquera pas de crier à la méchanceté ; mais ne voit-il pas que le fieur D'Acher eft forcé d'employer malgré lui ces fortes d'argumens, parce qu'ils tiennent au fond de fa caufe, qu'ils fervent à faire connoître fon Adverfaire & fes motifs par des exemples fans réplique, & puifés dans la famille du fieur Cadet ? le niera-t-il encore ? mais qui eft le plus méchant des deux ? n'eft-ce pas l'aggreffeur ? n'eft-ce pas celui qui provoque fans caufe & fans néceffité un pere de famille nombreufe, qui ne lui a jamais fait aucun mal ? n'eft-ce pas celui qui calomnie dans le Journal de fon frere & où il empêche d'inférer la réfutation de la calomnie ? Lequel eft le plus méchant de celui qui fait le bien fans nuire à perfonne, & qui défend fon honneur attaqué par un homme à qui il n'a jamais nui, ou de ces rodomons qui infultent les citoyens en fe targuant de leur fortune & de leur crédit, comme fi c'étoit là une preuve de leur mérite ?

On n'a qu'à lire la *réplique* du fieur Cadet, pour voir avec quelle audace il traite le fieur D'Acher d'empyrique de mauvaife foi, où il le compare à ces gens qui diftribuent dans les places publiques des drogues, des clous propres à la guérifon des dents, &c. tandis que le fieur Cadet jouit (dit-il,) d'une *fortune honnête*, propre à donner des fentimens nobles & défintéreſſés , &c. * En vérité cette maniere de ſe défendre contre une accuſation de calomnie , interdit au ſieur Cadet la faculté de crier à la méchanceté ; puiſque c'eſt lui qui eſt l'aggreſſeur , & qui joue ſi gratuitement le rôle de méchant. C'eſt à lui à dorer la pilule, s'il la trouve trop amere.

SECOND POINT.

Le ſieur Cadet eſt *excluſif* en tout : dans le premier Point de ſa réplique, il dit des injures, & il ne veut pas qu'on lui réponde ; il uſe ou abuſe du Journal de ſon ftere, pour calomnier un remede connu, qu'il avoit loué & approuvé dans l'origine , & il ne veut pas qu'on ſe ſerve de la même voie pour réfuter ſes aſſertions fauſſes & injurieuſes : dans le ſecond Point de ſa réplique, il veut vendre ſes drogues & médicamens & ne veut pas que les autres diſtribuent des remedes que l'étude , le raiſonnement & l'expérience leur ont fait découvrir, & dont l'uſage répandu dans le public eſt conſacré par le plus heureux ſuccès & par des cures faites ſous les yeux mêmes de la Faculté , qui a approuvé les Eaux du ſieur D'Acher , en approuvant ſon livre.

» On ne connoît à Paris , (dit le ſieur Cadet) que deux
» manieres de ſe faire autoriſer a débiter des drogues &
» médicamens ; la premiere, de ſe faire agréger au College
» Royal de Pharmacie ; la ſeconde, de ſe faire pourvoir
» d'un brevet , &c. Les membres du College Royal de

---

* Le ſieur D'Acher n'a-t-il pas le même droit de ſe défendre , en diſant au ſieur Cadet, que malgré ſa *fortune honnête* , il n'en fait pas moins un commerce très-lucratif, tant de ſes drogues que de celles des autres, qu'il envoye au loin dans des petites boîtes, eſpece de pharmacies complettes , qui contiennent tous ſes ſpécifiques par échantillon, & dont les effets ſont ſouvent moins ſurs & plus dangereux que ceux des *cloux propres à laguériſon des dents.* N'eſt-il pas le prôneur & le diſtributeur de la *Poudre Fainard*, contre les hémorrhagies externes & internes, qu'il vend 24 liv. la bouteille , & dont il exalte ſi fort l'efficacité ? voyez les petites Affiches du 23 Septembre 1780, &c.

» Pharmacie, (c'eſt ce que le peuple nomme Apothicaires)
» ont ſeuls le droit de vendre les médicamens, même de
» travailler d'après les découvertes faites par les particu-
» liers qui n'ont pas de privilége excluſif. Ainſi le ſieur
» Cadet, connoiſſant la compoſition de ce qui, dans le prin-
» cipe, compoſe l'Eau ſtomachique du ſieur D'Acher, pour-
» roit la diſtribuer, vu que ce dernier n'a point de
» privilége excluſif, ni de brevet, &c.

N'a-t-on pas raiſon de dire que le ſieur Cadet ne veut
d'excluſif que pour lui ? Le ſieur D'Acher n'a point
l'honneur d'être Membre du Collège Royal de Pharmacie ;
mais auſſi ne débite-t-il pas les drogues des ſieurs Cadet. Il a
l'avantage ſur le ſieur Cadet, d'avoir étudié la conſtitu-
tion & le tempérament de l'homme en ſanté & en maladie : il a eu le bonheur de reconnoître, que la plupart des
maladies viennent du *dérangement des fonctions de l'eſto-*
mac, & de trouver un *ſpécifique*, qui, en remontant à la
cauſe primitive du mal, guérit ſans riſque & ſans danger
une infinité de maladies, variées par leurs effets, mais déri-
vant de la même ſource. C'eſt ce *ſpécifique innocent* dont
il conſeille & dirige l'uſage à ceux qui ont confiance en lui ;
& les ſuccès conſtans que les perſonnes infirmes en ont
éprouvés depuis treize à quatorze ans, dans toutes les claſ-
ſes des citoyens ont mérité au ſieur D'Acher l'eſtime & la
confiance publique.

Ni le ſieur Cadet, ni ſon College ne peuvent empêcher
le ſieur D'Acher de faire le bien public, & de guérir des
malades abandonnés des Médecins. Auſſi le ſieur Cadet ne
pouvant l'empêcher par des voyes juridiques, a-t-il cru
plus facile & plus ſûr de le calomnier dans le Journal de
ſon frere, en diſant que ce remede *contient du ſublimé cor-*
roſif à grande doſe. On lui objecte ſon certificat & ſes premieres analyſes qui prouvent le contraire ; il répond, mais
j'en ai trouvé depuis dans un demi - ſetier qui m'a été donné
ſecrétement. On lui réplique, ce demi - ſetier n'eſt pas du
ſieur D'Acher, qui ne le diſtribue que par bouteilles : il
dit alors, mais le ſieur D'Acher n'eſt pas Apothicaire, &
n'a point de brevet ni de privilege excluſif. Voilà à quoi

E

aboutit le *cercle vicieux* des raisonnemens du sieur Cadet.
Si on détruit le dernier retranchement, il rentrera dans le
premier, & fera toujours le *cercle*, comme ces écoliers qui
s'amusent à faire la roue. Comment faire lâcher prise à un
pareil Adversaire?

A l'égard de ce que dit le sieur Cadet, qu'étant du College de Pharmacie & connoissant la composition de l'élixir
D'Acher, il pourroit le distribuer, s'il vouloit; qu'il en a
le droit, &c. Non-seulement le sieur D'Acher y consent,
mais même il le lui conseille bien sincérement, en l'assurant
qu'il n'a point, dans toute sa boutique, de *spécifique pareil*
pour tous les cas indiqués dans la Brochure du sieur D'Acher.
Si le sieur Cadet vient à le contester, il y a un moyen fort
simple de le convaincre. Qu'il accepte un *défi public*; il n'y
a qu'à choisir dans les hôpitaux six malades abandonnés
de la Faculté, le sieur Cadet en prendra trois, & le sieur
D'Acher, avec son seul élixir, traitera les trois autres. Et
en verra ceux qui seront le plutôt guéris. Le sieur Cadet
refusera sans doute le défi, en disant qu'il n'est pas Médecin; à la bonne heure! mais en ce cas, ne faites donc pas
le docteur & ne jugez plus de la qualité des remedes d'après
vos analyses borgnes & que vous prétendez être infaillibles.

Oui, toutes vos analyses sont borgnes & insidieuses:
analysez, pour voir, une once de sang; dites de quels principes il est composé, de quel animal il vient; prenez une
décoction de plusieurs plantes, & devinez leurs noms & leurs
principes d'après votre analyse; mêlez des acides & des
alkalis, des sels de différentes natures dans un même liquide
& devinez quels ils sont, & en quelle proportion ils y
sont, si ce n'est pas vous qui les y avez mis. Je ferai bouil-
lir du mercure dans l'eau, j'y mettrai d'autres substances, &
jamais votre analyse ne vous l'apprendra. Vous ne trouve-
rez jamais dans vos ballons, ni dans vos résultats, le principe purgatif de la manne & du séné, quoique vous con-
noissiez depuis long-temps ces drogues. Dans la merveilleuse analyse que vous avez faite avec M. Parmentier, votre
continuel coopérateur, le 24 Mai 1782, de l'Eau médicinale d'Husson, n'avez-vous pas dit: « que la *maniere rigou-*

» *reuse* dont vous aviez procédé vous assuroit qu'il n'y
» entroit aucune préparation métallique, aucun sel mer-
» curiel, &c. ? mais qu'à l'égard de la substance amere
» végétale dont participe cette liqueur, *il étoit impossible*
» *à l'Art de pouvoir déterminer la plante ou les plantes d'où*
» *elle est extraite* ». Cependant, lorsque la crainte des Médecins vous a fait chanter la palinodie qu'on vous reproche,
vous n'avez pas craint de vous contredire, en disant qu'elle
étoit extraite de plantes nuisibles. Eh ! comment pouviez-
vous le savoir, puisque vous dites que cela est impossible
à l'Art ? En effet, malgré votre science en chymie, malgré
la prétendue infaillibilité de vos analyses, si l'on vous demandoit pourquoi *l'opium* fait dormir, vous n'auriez point
de meilleure réponse que celle des Docteurs de Moliere. O
science ! ô vanité des vanités ! prosternez-vous devant l'expérience, qui est la Mere des Arts & des Sciences.

Puisque cette infaillibilité du sieur Cadet est une lueur si
fausse & si trompeuse, il ne faut point être surpris s'il
trouve dans les Eaux D'Acher, tantôt du zinc, tantôt du
nitre, du sel marin, du mucilage ; tantôt du sublimé à
grande dose, &c. Pour sauver ses contradictions & l'infaillibilité de sa science, il dit que le sieur D'Acher varie sa
composition ; mais à qui persuadera-t-il de semblables rêve-
ries ? *Credat Judeus Apella.* Quel interêt le sieur D'Acher
auroit-il de substituer au zinc, loué par le sieur Cadet, cette
substance corrosive dont le sieur Cadet se rend le dénon-
ciateur ? Est-il vraisemblable que le sieur D'Acher, sans
aucun motif raisonnable, aille gratuitement convertir en
poison un remede connu & répandu par toute la France,
dont il est l'inventeur, le seul distributeur, & des succès duquel dépendent son honneur & sa réputation ? N'est-il pas
plus naturel de croire que c'est l'infaillible M. Cadet qui
s'est trompé lui-même, qui se trompe & qui se trompera,
à moins qu'on ne dise qu'il a voulu se tromper exprès pour
tromper les autres ?

Ce qu'il y a de plus singulier dans cette affaire, c'est que
le sieur Cadet prétend dans ses écrits, que le sieur D'Acher
a tort de se plaindre qu'on l'accuse d'employer du sublimé ;

que cette drogue dangereufe entre les mains des ignorans, devient un remede falutaire dans celles d'un homme prudent & éclairé. Ainfi la conteftation fe réduiroit à favoir, fi le fieur D'Acher fait bien ou mal manipuler cette fubftance corrofive. Mais le fieur D'Acher fait ici fa *profeffion de foi*. Il n'a jamais employé le fublimé, & en a toujours profcrit l'ufage, parce qu'il fait que c'eft un poifon, même entre les mains de la Faculté. Le favant M. Cadet peut préparer & employer à fon gré, cette *fubftance corrofive*, puifqu'il eft perfuadé que dans des mains habiles, tels que les fiennes, ce poifon peut devenir falutaire. Le fieur D'Acher, moins favant, renonce à un pareil avantage. Il fait que Van-Swieten, cet oracle de la Médecine moderne, avoit confeillé dans quelques cas, l'ufage du fublimé; mais qu'il avoit reconnu à fon *dam*, que ce poifon intraitable ne manquoit jamais fon coup, & qu'il opéroit la mort tôt ou tard. Quoiqu'en dife M. Cadet, en faveur du fublimé, le célebre Cartheufer en favoit bien autant que lui : Cartheufer, qui a connu mieux que perfonne la vertu des remedes, & qui les a fi bien appréciés, dit en termes exprès : « *Il y a des perfonnes* qui recom-
» mandent l'ufage interne du fublimé corrofif étendu dans
» une grande quantité d'eau, ou adouci par quelque firop,
» dans plufieurs maladies rebelles, & pour exciter la faliva-
» tion dans les maladies vénériennes; mais j'exhorte tout Mé-
» decin qui veut avoir fa confcience nette & conferver fa
» réputation, de s'abftenir de l'ufage interne de ce fel corrofif;
» car les inconvéniens qui en réfultent ne fe font pas tou-
» jours fentir immédiatement après qu'on l'a pris, mais bien
» fouvent, long-temps après fon ufage. » Voyez fa Pharmacologie, édition de Berlin, 1745. p. 447.

Les plus célébres Praticiens de cette Capitale, ont fait les mêmes obfervations & affurent que les malades qui ont été traités avec ce fel meurtrier, tombent enfuite dans l'éthifie qui les conduit à la mort.

Que le fieur Cadet ne dife donc plus dans les Journaux, que l'Eau ftomachique du fieur D'Acher contient *du fublimé à grande dofe*; ce qui eft la même chofe, que de le traiter *d'Empoisonneur public.* C'est le sens des mots *à grande dose.*: & cependant le sieur Cadet convient qu'il n'en a jamais trouvé que dans un demi-setier qui lui a été fourni de la part *d'une dame inconnue.* Est-ce là comme doit se conduire un homme aussi délicat que se dit M. Cadet ? doit-il se fâcher si le sieur D'Acher se plaint avec chaleur d'une calomnie qui attaque sa réputation & son honneur; d'une calomnie qui trouble la tranquillité de tous ceux qui font usage de son remede ; d'une calomnie, enfin, que le sieur Cadet veut faire partager au sieur Parmentier, qui la désavoue, & dont le sieur D'Acher a droit de poursuivre la réparation en Justice.

« Mais, dit le sieur Cadet, vous n'avez pas le droit de
» vous plaindre du mal qu'on dit de vous , & de vos dro-
» gues, parce que vous n'avez pas le droit d'en vendre ;
» ce droit n'appartient qu'aux seuls Apothicaires, ou aux
» brevetés ; vous n'êtes ni l'un ni l'autre : si vous avez un
» brevet, il est revoqué par la Déclaration du 26 Juin 1780 ,
» qui veut qu'on ait l'approbation de la Société royale de
» Médecine. On vous a refusé cette approbation , donc
» on peut dire du mal de vous , & de vos Eaux, sans ris-
» que , & sans crainte. Tel est la fin de non-recevoir qu'on
» vous opposera toujours victorieusement , &c. &c.

Cet argument, auquel le sieur Cadet revient si souvent, parce qu'il le regarde comme la branche de son salut, a été déja réfuté plusieurs fois dans toutes ses parries. Le sieur D'Acher a prouvé qu'il avoit un brevet , mais un brevet accordé en connoissance de cause , sur le rapport d'un Médecin de la premiere réputation , qui a vu suivre les traitemens , & les cures opérées par le sieur D'Acher. Il a encore démontré que ce brevet , bien loin d'avoir été révoqué , a reçu une nouvelle sanction de la part du Gouvernement, puisque le sieur D'Acher a été envoyé par le Ministre, depuis l'établissement de la Société royale de Médecine, à Brest , pour traiter une fiévre maligne accompagnée de dyssenterie qui désoloit les Escadres combinées dans nos ports : il a fait voir que si la Société royale n'a pas donné alors son approbation à son remede , c'est parce qu'un Médecin en avoit également communiqué la compofition à la Société, & qu'elle n'a pas cru en conféquence devoir accorder le privilége exclufif au feul fieur D'Acher; que bien loin de le défapprouver, des Médecins, des Membres de la Société, en confeillent l'ufage à leurs malades, &c. Il étoit facile au fieur Cadet de vérifier tous ces faits; on lui a cité les témoignages de MM. Poiffonnier, de MM. les Commiffaires, celui de M. Vic-d'Azyr; qué n'alloit-il s'informer à la fource, au lieu d'employer la calomnie & la voie des libelles pour détruire un pere de fept enfans qui ne lui a jamais fait aucun mal, & qui jouit de la confidération publique.

On va plus loin : on fuppofe que le fieur Cadet ait raifon dans cette partie, & que le fieur D'Acher n'ait réellement pas le droit de faire le bien, & de diftribuer fes Eaux à ceux qui en reconnoiffent l'efficacité ; le fieur Cadet, qui veut l'empêcher, n'a-t-il pas la voie de la Juftice, fans recourir à la calomnie & fans faire paffer un honnête citoyen pour un empoifonneur public ? De quel front ofe-t-il donc foutenir que le fieur D'Acher n'a pas le droit de fe plaindre, & qu'il peut le calomnier impunément ? La Société a-t-elle dit que ce *remede* contient du *fublimé corrofif à grande dofe* ? Si elle ne l'a pas dit, pourquoi le fieur Cadet répand-il cette calomnie dans le Journal de fon frere, fans permettre au fieur D'Acher de la réfuter ? Il répond, que c'eft parce qu'il avoit donné un premier Certificat favorable à ce remede, & que depuis le fieur D'Acher a fubftitué au zinc le fublimé corrofif, & qu'il varie fa compofition ; cela n'eft ni vrai, ni vraifemblable, & c'eft précifément en cela que confifte la calomnie. Le fieur D'Acher ne varie que les traitemens & non pas la compofition de fon remede, où malgré la doctrine du fieur Cadet, & fon opiniâtreté à le foutenir, il n'eft jamais entré ni zinc ni fublimé. Les mots *à grande dofe*, que le fieur Cadet a ajouté par méchanceté, découvrent le projet formé de la calomnie la plus atroce, parce qu'alors l'Elixir du fieur D'Acher feroit un poifon violent, fi cette fubftance corrofive y étoit en petite partie, & à plus forte raifon *à grande doſe.* Ces mots prouvent en même temps l'ignorance & la mauvaiſe foi, parce qu'une analyſe réguliérement faite indiqueroit la proportion du poiſon avec les autres drogues.

On a beau chercher la cauſe & le motif de l'acharnement du ſieur Cadet, contre le ſieur D'Acher, on ne peut les deviner. Le ſieur D'Acher n'a jamais conteſté ſa doctrine ; il n'a jamais rien dit, fait, ni écrit contre le ſieur Cadet ; il l'a laiſſé jouir tranquillement de ſa réputation, & de ſa fortune *honnête* : cependant, depuis que les Parties ſont en inſtance au ſujet de la premiere lettre que le ſieur Cadet a envoyée à ſon frere le Journaliſte, il a fait inſérer dans le Journal du 5 Novembre dernier, N°. 305, une nouvelle diatribe, 1.° contre l'Eau médicinale d'Huſſon, qu'il avoit d'abord approuvée, & qu'il dit être faite avec la *Gratiole, gratia Dei,* plante dangereuſe : 2.° contre la Poudre de Goderneau, dans laquelle on apperçoit, dit-il, ou quelques globules de mercure, ou un peu de charbon. Cette disjonctive *ou* eſt très-fine, ou très-ſavante ; mais elle ne fait rien dans cette cauſe : 3.° Contre l'Eau D'Acher, qui étoit dans l'origine du nitre déguiſé par un peu de mucilage, enſuite du vitriol de zinc, auquel le ſieur D'Acher a ſubſtitué une préparation analogue à celle de M. Goderneau, c'eſt-à-dire, une diſſolution de mercure par l'acide marin, *combinaiſon effrayante,* quand elle n'eſt pas faite par un chymiſte exercé, parce qu'un atome *d'acide de plus convertit le remede en poiſon.*

On voit que le ſieur Cadet varie ſes analyſes, & ſes aſſertions calomnieuſes, ſelon les divers motifs qui l'animent : ce n'eſt plus ici un demi-ſetier, ni une bouteille analyſée, où il a trouvé *du ſublimé à grande doſe* ; c'eſt en général *l'Eau D'Acher,* qui eſt devenue entre les mains de ſon premier panégyriſte, *une combinaiſon effrayante,* qu'un atome d'acide de plus va convertir en poiſon. (*)

____

(*) On pourroit citer au ſieur Cadet, une lettre de M. le Curé de Bignan, auquel le ſieur D'Acher avoit adreſſé cinq bouteilles d'Elixir pour une jeune fille, pauvre, couverte de dartres. Cet Elixir devoit ſervir pour ſix mois, en mettant ſeulement deux cuillerées d'Elixir par pinte

Par la premiere denonciation, ce fublimé fe trouve à grande dofe dans un demi-fetier d'Eau. Par celle-ci, toute l'Eau D'Acher en eft infectée, & l'auteur devient un *empoifonneur public*.

Voilà donc une calomnie bien qualifiée, s'il en fut jamais, & cela dans le cours même d'une inftance criminelle intentée à ce fujet. Une pareille diffamation dans des écrits publics, faits non pour la défenfe du fieur Cadet, mais uniquement pour fatisfaire fa haine & fa vengeance perfonnelle, méritent toute l'indignation de la Juftice, & donne lieu de croire au fieur D'Acher, que les conclufions qu'il a prifes dans l'inftance, lui feront adjugées, & que les dommages & intérêts feront proportionnés à l'injure.

---

d'eau ; mais par la méprife du Chirurgien, la malade prit l'Elixir pur en dix jours de temps, fans qu'il en foit refulté aucun inconvénient : au contraire, les dartres ont diminué. On demande à préfent au fieur Cadet, puifque un atome d'acide marin de plus, doit convertir le remede en poifon, s'il n'eft pas naturel d'en conclure qu'il n'entre ni ne peut entrer de fublimé dans l'Elixir qu'il dit en contenir *à grande dofe* : fans cela la malade eut été empoifonnée dès le premier verre.

Madame la Marquife de Lefville, attaquée depuis grand nombre d'années, d'un afthme, en eft prefqu'entiérement délivrée, par un ufage fuivi de ces Eaux. Nombre de perfonnes qui ont pris par méprife des verres pleins d'Elixir pur ; entr'autres, Monfeigneur l'Archevêque d'Embrun, &c. n'en ont jamais été incommodées. Que le fieur Cadet dife donc, par quel miracle jamais perfonne n'a été incommodé d'un remède qu'il affure contenir du *fublimé à grande dofe*, tandis qu'un atôme de plus fuffiroit, felon lui, pour le convertir en poifon ! qu'il dife pourquoi le fublimé produiroit d'auffi bons effets fur l'afthme, &c. ! Ce font là *des faits* & non pas des raifonnemens. Le fieur Cadet, preffé par ces faits, finira peut-être par dire, que, puifque l'Eau D'Acher ne fait mal à perfonne, ce n'eft peut-etre que de *l'eau pure*.

Signé D'A C H E R, *rue Jacob*, N.º 39.

M I C H A U T , Proc.

De l'Imprimerie de GRANGÉ, rue de la Parcheminerie. 1784.